(Conserver la Couverture)

DOCUMENTS

Relatifs à la Société

DE

Sᵀ-VINCENT DE PAUL

Sommaire :

1º Mémoire présenté à S. Exc. M. le Ministre de l'Intérieur au nom du Conseil général de la Société de Saint-Vincent de Paul.

2º Résumé des faits qui se sont passés depuis la présentation de ce mémoire.

3º Note sur la nomination d'un Cardinal Protecteur pour la Société de Saint-Vincent de Paul.

4º Explication sur une publication faite par des journaux italiens.

PARIS

IMPRIMERIE DE W. REMQUET, GOUPY ET Cⁱᵉ

5, RUE GARANCIÈRE

—

1862

Le Mémoire adressé à S. Exc. M. le Ministre de l'interieur, au nom du Conseil général de la Société de Saint-Vincent de Paul, pour défendre ce Conseil et les Conseils centraux contre les accusatious dont ils ont été l'objet dans la circulaire ministérielle du **16** octobre, n'était point destiné à la publicité. Les nouvelles attaques dirigées contre la Société par certains journaux, et l'annonce que cette question sera portée devant les Chambres dans la discussion de l'adresse ont rendu nécessaire de mettre ce Mémoire sous les yeux du Sénat et du Corps législatif.

On le fera suivre de quelques autres documents qu'il est également utile de porter à la connaissance des Chambres.

MÉMOIRE

PRÉSENTÉ

A Son Excellence Monsieur le Ministre de l'intérieur au nom du Conseil général de la Société de Saint-Vincent de Paul.

Paris, le 7 décembre 1861.

Monsieur le Ministre,

Accusé publiquement dans votre circulaire du 16 octobre dernier, le Conseil général de la Société de Saint-Vincent de Paul aurait pu se défendre publiquement contre les accusations imméritées dont il était l'objet. Il ne l'a point fait, et il croit pouvoir espérer que Votre Excellence verra, dans le calme de son attitude, une preuve de sa loyauté et une première réfutation des calomnies dont on a essayé de le flétrir auprès de vous.

Cependant il avait un devoir sacré à remplir, celui de sauvegarder, autant qu'il lui était possible, l'existence de la Société compromise par les mesures prises contre le Conseil général, et l'honneur des membres de ce Conseil et des Conseils centraux, gravement incriminé. Dans ce but, il a présenté oralement à Votre Excellence ses réclamations. Mais le moment est venu de les reproduire et de les développer dans un mémoire écrit. Les Conférences locales ont répondu à l'invitation que vous leur aviez adressée vous-même. Il était utile que leur témoignage désintéressé précédât et éclairât nos observations ; et nous nous sentons maintenant plus assurés que jamais, par l'expression de leurs vœux, qu'en défendant le Conseil général, ce n'est pas notre cause, mais celle de la Société tout entière que nous défendons.

Les mesures contre lesquelles nous venons réclamer ont été prises, nous avons le regret de le constater, sans que les représentants de la Société aient été prévenus ou entendus. Nous sommes donc d'autant plus certains que Votre Excellence lira ce mémoire religieusement et jusqu'au bout. Nous avons le désir d'être nets et complets ; mais nous voulons aussi, malgré la gravité des atteintes portées à notre considération personnelle, garder la mesure et le respect.

I

La circulaire du 16 octobre déclare que : « Si les Confé-
« rences locales de Saint-Vincent de Paul ont droit à toute la
« sympathie du gouvernement,... il n'en est pas de même de
« ces Conseils ou Comités provinciaux qui, *sous l'apparence d'en-*
« *courager les efforts particuliers des diverses Conférences,* vien-
« nent chaque jour *s'emparer de leur direction, les dépouillent du*
« *droit de choisir elles-mêmes leurs présidents et leurs dignitaires,*
« *et s'imposent ainsi à toutes les Sociétés d'une province, comme pour*
« *les faire servir d'instruments à une pensée contraire à la bien-*
« *faisance.* »

La circulaire disait encore que : « Quant au Conseil supé-
« rieur siégeant à Paris, le gouvernement ne saurait approuver
« l'existence de cette espèce de comité directeur qui, sans être
« nommé par les Sociétés locales, se recrutant de lui-même
« et de sa seule autorité, *s'arroge le droit de les gouverner pour*

« *en faire une sorte d'association occulte* dont il étend les rami-
« fications au delà des frontières de la France, et qui prélève
« *sur les Conférences un budget dont l'emploi reste inconnu.* »

Enfin, la circulaire ajoute « qu'une telle *organisation ne peut*
« *s'expliquer par l'intérêt seul de la charité.* Est-il nécessaire, en
« effet, » dit-elle, « que les hommes honorables qui font de la
« bienfaisance à Lyon, à Marseille, à Bordeaux, soient con-
« seillés, dirigés par un comité de Paris? *ne sont-ils pas au*
« *contraire plus en état que personne de savoir à qui distribuer*
« *leurs aumônes? enfin, la charité chrétienne a-t-elle besoin pour*
« *s'exercer de se constituer sous la forme des sociétés secrètes?*

Quatre griefs ressortent de ces passages de la circulaire tex-
tuellement cités :

1° La Société de Saint-Vincent de Paul serait devenue, par le
fait du Conseil général, une sorte d'association occulte; elle
serait constituée sous la forme des sociétés secrètes ;

2° Le Conseil général prélèverait sur les Conférences un
budget dont l'emploi reste inconnu ;

3° Le Conseil général ou supérieur et les Conseils centraux
ou provinciaux s'imposeraient aux Conférences locales, s'arro-
geraient le droit de les gouverner, interviendraient sans utilité
dans la distribution de leurs aumônes, et les dépouilleraient
même du droit d'élire leurs présidents;

4° L'action du Conseil général et des Conseils centraux, sous
l'apparence d'encourager les efforts particuliers des Conférences, tendrait à les faire servir d'instruments à une pensée
étrangère à la bienfaisance. Cette organisation ne pourrait
s'expliquer par l'intérêt seul de la charité.

Voilà bien l'accusation; nous n'en dissimulons rien. Nous
tâcherons de répondre d'une manière précise à chacun des
chefs qui la constituent.

II

En premier lieu, la Société de Saint-Vincent de Paul a-t-elle quoi que ce soit d'occulte et de secret?

Nos règles, nos institutions, nos actes, nos comptes, nos noms, nos lieux et nos heures de réunion, tout est public : que faut-il de plus!

Les règlements de la Société, le commentaire de ces règlements, les instructions pour la formation des Conférences, celles qui sont spécialement destinées aux présidents, les circulaires principales adressées aux Conférences par les trois présidents généraux qui se sont succédé à la tête de la Société, sont réunies dans trois petits volumes réimprimés plusieurs fois, et chaque fois à plusieurs milliers d'exemplaires, que chacun peut se procurer au secrétariat de la Société et dans vingt-quatre dépôts existant dans les principales villes de France.

Un recueil mensuel qui porte le titre de *Bulletin de la Société de Saint-Vincent de Paul*, tiré à plus de 3,000 exemplaires et traduit en plusieurs langues, publie toutes les circulaires, toutes les instructions, tous les avis adressés aux Conférences au nom du Conseil général, un rapport annuel sur l'ensemble des œuvres des Conférences tant françaises qu'étrangères, un compte rendu financier de leurs recettes et de leurs dépenses ; il publie également les extraits les plus intéressants des rapports spéciaux des Conseils centraux ou particuliers, et même des Conférences locales, et le compte rendu des assemblées générales trimestrielles des Conférences de Paris.

Ce n'est pas tout :

Chaque fois que l'autorité a désiré avoir communication de
la liste des membres du Conseil général, à l'instant elle lui a
été donnée. Chaque nom nouveau inscrit sur cette liste est
d'ailleurs aussitôt publié dans le Bulletin mensuel.

A Paris, la liste des noms des présidents de toutes les Conférences et une note indicative du lieu et de l'heure de la réunion de chacune, sont réimprimées tous les ans et remises au
secrétariat de la Société à toute personne qui les demande.

L'article 47 du règlement exige même que les noms des simples membres soient publiquement proclamés dans les assemblées générales de Conférences qui ont lieu quatre fois par an,
assemblées où des étrangers sont admis, et auxquelles les au-
torités locales civiles et ecclésiastiques nous font souvent
l'honneur d'assister.

III

Nos explications ne seront pas moins péremptoires, nous
l'espérons, sur le *prélèvement qui serait fait par le Conseil général
sur les Conférences, d'un budget dont l'emploi resterait inconnu.*

L'article 38 du règlement de la Société est ainsi conçu :

« Il (le Conseil général) décide de l'emploi des fonds de la
« caisse centrale. Cette caisse est alimentée par les dons ex-
« traordinaires faits à la Société, par les quêtes faites aux as-
« semblées générales (des Conférences de Paris) et par les
« offrandes qu'envoie chaque Conférence ou chaque conseil
« pour concourir aux frais généraux de la Société. »

Et maintenant, voici le commentaire de cet article, tel qu'il
est donné aux notes explicatives du règlement qui furent publiées, pour la première fois, à la fin de 1853.

« Rien ici n'est imposé par le règlement, ni même demandé
« par le Conseil général : ces dons sont entièrement facultatifs;
« et il semble que plus ils sont spontanés, plus ils acquièrent
« de prix. Du reste, la caisse du Conseil général n'a pas seu-
« lement pour but de payer des frais de correspondance et
« d'administration : elle doit surtout venir en aide aux Confé-
« rences pauvres et pour lesquelles un secours passager est
« éminemment nécessaire (1). »

C'est donc volontairement que les Conférences adressent
une offrande au Conseil général. Le plus grand nombre ne
donne rien ; les offrandes de celles qui donnent sont variables,
non régulières, en tout cas minimes. Les dons faits à la caisse
du Conseil général et provenant des Conférences, tant étrangères que françaises, y compris même ceux de quelques bien-
faiteurs particuliers, se sont élevés en 1860 à 9,015 fr. 94 c.,
et en 1859 à 10,415 fr. 44 c.; c'est le chiffre le plus haut qu'ils
aient jamais atteint. Or, le nombre des Conférences de France
et de l'étranger s'élève aujourd'hui à 3,406, et l'ensemble des
ressources dont elles ont disposé en 1860 a atteint près de
5,000,000 de francs (2).

Le surplus des ressources du Conseil général se compose
principalement des bénéfices qu'il réalise sur ses publications.
Ce chapitre de recettes figure dans nos comptes de 1860 pour
10,342 fr. 59 c. ; il s'était élevé en 1859 à 15,701 fr. 92 c., et
en 1858 à 5,530 fr. 88 c. seulement.

Quant à l'emploi de ces ressources, le commentaire du
règlement cité plus haut l'a déjà indiqué. Elles ne sont pas
consacrées seulement à payer les frais généraux, c'est-à-dire

(1) *Manuel de la Société de Saint-Vincent de Paul,* première partie, p. 80.
(2) Voir le tableau des recettes et des dépenses des Conférences au Bulletin
de la Société, 1861, p. 297 à 307.

les ports de lettres et frais de bureau, les traitements de trois employés et d'un homme de service, et le loyer de notre modeste secrétariat, frais généraux qui absorbent aujourd'hui environ 9,000 francs ; mais aussi à secourir les Conférences ou quelques Œuvres spéciales des Conférences, en cas de nécessités trop urgentes ; le Conseil général ne pouvait guère consacrer à cet objet que 12 à 13,000 francs par an. On est allé une année, en 1858, à 14,500 francs.

Voilà, Monsieur le Ministre, le budget mystérieux du Conseil général ; voilà ses ressources et son emploi. Nous joignons à ce mémoire le résumé de ses comptes pour les trois dernières années écoulées et pour les neuf premiers mois de la présente année. Si l'on veut plus de détails, nous soumettrons à l'examen de tel délégué qu'il vous plaira de désigner, nos livres de comptabilité. Ils sont tenus avec assez de clarté pour que, sans être homme du métier, il soit possible de reconnaître en peu d'instants l'exactitude du résumé que nous déposons entre vos mains.

Il est vrai qu'à plusieurs reprises, le Conseil général a fait des appels extraordinaires aux Conférences. Il les a toujours faits publiquement et il a rendu compte, dans des rapports ou par la voie du Bulletin de la Société, des sommes dont la confiance des Conférences l'avait rendu dépositaire. L'objet de ces quêtes extraordinaires a toujours été purement charitable, et la justice voudrait qu'on reconnût aussi le sentiment patriotique qui en a inspiré plusieurs.

En 1840, le Conseil général fit appel pour la première fois à la charité des Conférences, bien peu nombreuses alors, à l'occasion des inondations qui désolèrent le midi de la France ;

il recueillit une somme de 3,894 francs, qui furent envoyés aux Conférences de Nîmes et de Lyon (1).

En 1846, de nouvelles quêtes extraordinaires furent motivées par de nouvelles inondations. Elles produisirent 19,253 fr. 50 c., qui furent répartis entre les Conférences des pays inondés (2).

En 1847, le Conseil général a reçu des Conférences de France et de l'étranger 154,199 fr. pour l'Irlande, désolée par la famine (3);

En 1850 et années suivantes, 11,175 fr. 31 c. pour la construction du monument élevé sur le lieu de la naissance de saint Vincent de Paul (4);

En 1852 et 1853, 8,244 fr. 90 c. pour les pauvres de la Lorraine allemande, où de mauvaises récoltes avaient causé une misère exceptionnelle (5).

En 1855, les Conférences prirent une large part aux envois de linge, de charpie, de livres, etc., qui furent, par l'intermédiaire du Ministère de la guerre, adressés à l'armée de Crimée (6).

En 1856, de nouvelles quêtes pour les inondés de cette époque produisirent 51,938 fr. 85 c., indépendamment de secours considérables en vêtements et linge (7).

En 1859, un appel fut fait par le Conseil général aux Conférences de France et d'Italie pour les blessés de l'armée d'Italie;

(1) Rapport général sur l'origine de la Société et ses travaux jusqu'à la fin de 1844, p. 65.

(2) Rapport général de 1846, p. 123.

(3) Bulletin de la Société, 1848, p. 43.

(4) Id., 1850, p. 283, 284, 278 et 321; — 1851, p. 367 et 368; — 1852, p. 134 et 262, — 1853, p. 20.

(5) Id., 1852, p. 194, 193, 231, 232, 263; — 1853, p. 20, 176 et 221.

(6) Id., 1855, p. 98 et 368.

(7) Id., 1856, p. 212, 236, 239, 259 et 327; — 1857, p. 15 et 178.

elles y répondirent par de nombreux envois de linge, de charpie, de livres, etc. (1).

Enfin, en 1860 et 1861, des quêtes faites dans le sein des
Conférences, au profit des chrétiens de Syrie, ont produit une
somme de 98,603 fr. 85 c. (2).

Nous osons penser, Monsieur le Ministre, qu'après ces explications, vous reconnaîtrez que, sur les deux premiers points
que nous venons de traiter, nous avons été accusés sans fondement; car ce n'est pas vous, sans doute, qui nous diriez :
« Vous avez d'autres règles et d'autres instructions que celles
« que vous imprimez, d'autres chefs que ceux que vous ins-
« crivez sur vos listes, d'autres ressources et d'autres dépenses
« que celles que vous déclarez. » Nos noms sont sous vos
yeux, et nous avons l'orgueil de croire qu'après les avoir lus,
vous ne douterez pas de notre parole, quand nous vous dirons :
« Il n'y a ni secret, ni mot d'ordre, ni serment dans la Société
« de Saint-Vincent de Paul; nous n'avons aucune règle oc-
« culte, nous n'avons jamais donné une instruction particu-
« lière qui ne fût littéralement conforme aux instructions
« générales imprimées; nous n'avons pas d'autres chefs et
« d'autres directeurs que ceux dont les noms ont été plusieurs
« fois donnés à votre administration; nous n'avons jamais
« employé un centime des ressources de la Société ou du
« Conseil général à une autre destination que celle qui est
« déclarée dans nos comptes rendus. »

(1) Bulletin de la Société, 1859, p. 148, 160, 172, 224 et 226.
(2) Id., 1860, p. 197, 226, 265, 292 et 315 ; — 1861, p. 5, 34, 65, 98, 116,
148, 173 et 203.

IV

Et maintenant, est-il vrai que le Conseil général et les Conseils centraux *s'imposent aux Conférences, qu'ils les dirigent et les gouvernent malgré elles, et qu'ils les dépouillent de leurs droits?*

Il est nécessaire, pour répondre à ce grief, de vous faire connaître en peu de mots, Monsieur le Ministre, l'histoire de l'organisation de la Société, telle qu'elle existait jusqu'à votre circulaire.

Vous n'ignorez pas sans doute comment la Société de Saint-Vincent de Paul s'est formée en 1833 par la réunion de huit étudiants chrétiens, qui, suivant l'expression de l'un d'eux, « voulurent mettre leur foi sous la protection de la charité. »

Celui qui a raconté les débuts de l'œuvre dont il était le témoin le plus autorisé, a ajouté : « D'abord, comme jaloux de « notre trésor, nous ne voulions pas ouvrir à d'autres les portes « de notre réunion. Mais Dieu en avait décidé autrement. « L'association peu nombreuse d'amis intimes que nous avions « rêvée, devenait, dans ses desseins, le noyau d'une immense « famille de frères qui devait se répandre sur une grande « partie de l'Europe (1). »

L'association se répandit donc, presque malgré ceux qui l'avaient fondée, à Paris d'abord, puis dans quelques villes de province, et bientôt à l'étranger. On redigea, par écrit, à la fin de 1835, les premières règles de l'œuvre, qui n'étaient, comme le dit le préambule même de ces règles, que la traduction « en règlement des usages suivis et aimés. »

(1) OZANAM. *Discours à la Conférence de Florence.* 30 janvier 1853. Œuvres complètes, t. VIII, p. 41.

La Conférence mère resta naturellement le centre de la Société ; les essaims qui en étaient sortis aimaient à conserver
avec elle de fréquents rapports ; ils lui confièrent le dépôt de
leurs traditions, la garde de leurs règles et de cet esprit chrétien et charitable, exempt dès l'origine de toute pensée
politique et de toute préoccupation d'intérêt personnel, qui a
toujours animé la Société, et qui a été la véritable cause de sa
fécondité.

Les développements de l'œuvre obligèrent d'abord le Conseil
de Paris à se dédoubler et à se scinder en deux Conseils dis-
tincts ; l'un, conservant la dénomination de Conseil de Paris,
demeura le lien exclusif des Conférences de la capitale ; l'autre,
sous le nom de Conseil général, fut chargé des intérêts de la
Société tout entière.

Mais bientôt cela ne suffit plus. De tous les points de la
France, et il faut dire de tous les points du monde, affluaient
au Conseil général les lettres de nouvelles réunions formées
d'après nos règles et avec l'esprit de notre œuvre, placées d'ailleurs comme nous, sous la protection de ce grand saint français que respectent et qu'admirent ceux même qui n'ont pas
notre foi. D'elles-mêmes, sans y être provoquées par aucun de
nous, qui ne connaissions pas même leur existence, ces réunions demandaient à s'agréger à la Société mère de Paris, à
vivre de sa vie, à profiter de son expérience et à entrer en participation des grâces spirituelles qui, d'une manière générale,
conformément aux dogmes de la foi catholique, sont attachées
à la communion des prières et des bonnes œuvres entre les
fidèles, et que, d'une manière spéciale, le saint-siége a daigné
accorder à la Société de Saint-Vincent de Paul.

C'est alors que le Conseil général s'est trouvé amené par la
force des choses et par la nécessité de suffire à une tâche
devenue trop lourde, à constituer comme centres de second

degré les Conférences les plus anciennes et les plus expéri-
mentées, établies dans les principales villes de France et de
l'étranger, et à les charger de relier entre elles les Conférences
des villes voisines et de correspondre avec elles; ce qui fut
l'origine des Conseils centraux, organisés plus tard par un
règlement spécial.

L'organisation hiérarchique de la Société s'est dès lors composée de la manière suivante :

1° Les Conférences qui unissent les membres; 2° les Conseils particuliers qui unissent les Conférences d'une même
ville; 3° les Conseils centraux qui unissent les Conférences
isolées et les Conseils particuliers; 4° à l'étranger, les Conseils
supérieurs qui unissent toutes les Conférences et les Conseils
d'un même pays; 5° enfin, le Conseil général qui sert de lien
à toutes les parties de la Société, et qui en est le centre.

Les Conseils particuliers ne sont pas détruits par la circulaire
du 16 octobre. Nous n'avons donc pas à en justifier l'existence.
Les Conseils centraux ou provinciaux, et le Conseil général
sont seuls attaqués : c'est eux seuls que nous avons à défendre.

Les Conseils centraux ou provinciaux en France, comme les
Conseils supérieurs à l'étranger, établis, ainsi que nous venons
de le dire, par suite des grands développements qu'a pris la
Société, permettent au Conseil général de connaître et d'ap-
précier les nouvelles réunions qui demandent à faire partie de
la grande famille de Saint-Vincent de Paul; ils les déchargent
d'une correspondance qui, sans eux, serait écrasante; et, d'un
autre côté, les Conférences trouvent en eux un soutien et un
guide placé près d'elles, qui peut ainsi, plus efficacement et

plus opportunément, conseiller leur inexpérience, soutenir leur faiblesse, entretenir leur zèle charitable, et grouper leurs efforts.

Quant au Conseil général, son rôle et sa mission ont été clairement définis par l'article 37 du règlement, qui porte : « Il est « le lien de toutes les Conférences ; il maintient l'union de « la Société ; il veille à tout ce qui peut favoriser sa pros-« périté. »

« On vit deux fois quand on a des amis, et les Sociétés de « charité vivent aussi deux fois quand elles ont des sœurs, » disait une des premières circulaires adressées par les Conférences de Paris aux Conférences de province qui venaient de se former à leur image (1). Cette parole touchante rend bien le besoin d'union qu'ont senti dès le commencement les Conférences de Saint-Vincent de Paul. Elles comprirent qu'elles préviendraient plus sûrement, parmi elles, les défaillances, les découragements, la déviation des règles, si elles s'unissaient fortement entre elles, et cette union n'était possible que par la création d'un Conseil placé au sommet ou au centre de la Société, chargé de conserver le règlement et les traditions, et de les rappeler incessamment aux Conférences par des circulaires et par la correspondance, chargé également de recevoir dans la famille commune les réunions nouvelles demandant à en faire partie, chargé enfin de recueillir, dans chaque Conférence, de centraliser et de répandre ensuite dans la Société tout entière les faits et les exemples propres à exciter l'émulation, à empêcher les tâtonnements et à vulgariser les méthodes et les pratiques charitables consacrées par l'expérience.

(1) Circulaire du 1er mars 1837. — *Manuel de la Société*, 2e partie, p. 46.

Ainsi, cette agrégation des réunions ou Conférences locales qui constituait jusqu'à présent la grande association de Saint-Vincent de Paul, s'est formée successivement et par l'initiative même des Conférences; l'organisation hiérarchique de la Société s'est établie aussi d'elle-même, peu à peu et par la force des choses, sans avoir été préméditée et imposée, toujours avec le concours et par le consentement exprès des Conférences.

Serait-il donc possible que ce qui s'est formé et constitué par la volonté libre des Conférences se maintînt et se conservât autrement que par leur confiance et leur volonté? de quelle force morale ou matérielle disposent le Conseil général ou les Conseils centraux, pour retenir les Conférences malgré elles sous ce qu'on ne peut pas même appeler justement leur *autorité?* et si les excès ou usurpations de pouvoirs dont on nous accuse étaient vrais, comment le lien qui existe entre les Conférences et nous, et qui vous paraît si dangereux, subsisterait-il encore?

Au surplus, par quels actes s'est manifestée cette oppression, et qui s'en est plaint?

La circulaire du 16 octobre paraît croire que les Conférences ne sont pas libres dans la distribution de leurs aumônes : où en est la preuve? Chaque Conférence dispose souverainement de l'emploi de ses fonds ; c'est une de nos règles essentielles. Mais, d'ailleurs, un Conseil qui, *de Paris, aurait eu la prétention d'apprendre aux Conférences de Lyon, de Marseille ou de Bordeaux, à qui elles devaient distribuer leurs aumônes,* aurait succombé, depuis longtemps, sous le ridicule d'une telle prétention.

On accuse les Conseils provinciaux *d'avoir dépouillé les Conférences du droit de choisir elles-mêmes leur président et leurs dignitaires.*

C'est là encore un reproche sans fondement; il repose sans doute sur un article du règlement mal compris.

L'article 9 du règlement, toujours en vigueur et toujours exécuté, porte : « Le président est élu par la Conférence. Les « autres fonctionnaires sont nommés par le président, de l'avis « du bureau. »

L'article 31 contient, il est vrai, une exception à cette règle, et dispose que, dans les villes où il existe plusieurs Conférences unies entre elles par un Conseil particulier, c'est le président de ce Conseil particulier, distinct du Conseil central, qui nomme les présidents et vice-présidents des Conférences de la ville. Mais cette exception ne s'applique qu'au plus petit nombre de Conférences, puisque sur 1,549 Conférences existant en France ou dans les colonies françaises, il y en a 517 seulement qui sont réunies par un Conseil particulier; 1,032 restent isolées et élisent leurs présidents. L'exception est d'ailleurs motivée, pour celles qui ne les nomment pas, par cette triple considération : 1° que, dans les Conférences nombreuses, il est prudent d'éviter les élections qui soulèvent des questions de personnes, dangereuses pour la bonne harmonie; 2° que l'article 31 oblige, en ce cas, le président du Conseil particulier à prendre l'avis de ce Conseil, qui est composé des présidents de toutes les Conférences de la ville; 3° qu'enfin, il n'est pas à craindre que la Conférence soit jamais exposée à recevoir un président qui ne lui agréerait pas, car le vide se ferait bientôt autour de lui, et la Conférence cesserait d'exister.

Enfin, la circulaire reproche au Conseil général de n'être pas l'élu des Conférences ; mais comprendrait-on qu'il fût matériellement possible aux Conférences, même de France, à plus forte raison de l'étranger, de choisir les membres de ce Conseil ? leur choix serait-il éclairé, serait-il libre, en pré-

sence de la double nécessité, d'une part, d'appeler dans ce
Conseil, dont les fonctions sont permanentes, principalement
des membres habitant Paris ; d'autre part, de le composer, non
pas d'hommes plus ou moins éminents par l'éclat de leur nom
ou de leurs talents, mais bien plutôt d'hommes modestes, ai-
mant les pauvres et ayant l'expérience des œuvres de charité ?

Ce qui était essentiel, c'est que la nomination du président
général, chargé du soin de choisir les membres du Conseil,
appartînt réellement aux Conférences ; et c'est ce qu'a voulu
l'article du règlement en disposant qu'après s'être entendu en
cas de vacances, sur la désignation d'un ou plusieurs can-
didats, le Conseil général fît connaître leurs noms à toutes les
Conférences et ne procédât à l'élection qu'après avoir reçu leur
avis. C'est ainsi qu'ont eu lieu l'élection du dernier président
général, M. Gossin, et celle du président général actuel, nommés tous deux de l'avis presque unanime des Conférences,
ainsi que le constatent les procès-verbaux de leur élection soi-
gneusement conservés dans nos archives.

En terminant sur ce point, nous ajoutons qu'il n'est pas une
Conférence, pas un membre d'une Conférence, qui ne soit profondément imbu de ce principe, élémentaire entre nous et sans
cesse répété dans les instructions et dans les circulaires, que
rien ne se commande, que rien ne s'impose dans la Société de
Saint-Vincent de Paul.

L'art. 59 et dernier du règlement a eu soin de dire qu'aucune
obligation de conscience ne lie les membres envers la Société,
et commentant cet article, une circulaire du président général
du 1er novembre 1857 ajoute :

« Dans nos Conférences, y entre qui veut, sans qu'aucune
» contrainte, même morale, y pousse ou y retienne personne.
« Il est bon d'y entrer, il est bon d'y rester ; mais il n'y a nul

« péché à s'en retirer, car on ne s'y engage par aucun lien de
« conscience (1). »

Relativement aux rapports des Conférences entre elles ou avec
le centre de la Société, une autre circulaire du président général, du 14 juillet 1841, s'exprime ainsi :

« Dans nos Conférences, dans toute la Société, tout est vo-
« lontaire, tout est libre. Notre association est une association
« des cœurs qu'aucune autre loi ne circonscrit, ne limite et ne
« règle que la loi de la charité chrétienne, que le désir qui
« nous presse tous de nous sauver en aidant nos frères mal-
« heureux. Parmi nous, un membre n'est pas plus qu'un autre
« membre ; une Conférence n'a pas de droit sur une autre Con-
« férence...... »

« Il a paru utile et doux au cœur de conserver des rapports
« entre toutes les réunions particulières ; il a été dès lors con-
« venable ou même nécessaire de régulariser les moyens de
« ces rapports : de là, des secrétaires pour les correspon-
« dances, un Conseil, qui est un lien plutôt qu'un pouvoir, un
« Conseil pour éclairer ou résoudre les difficultés qui sont
« portées naturellement au berceau de la Société. Mais tout
« cela n'a été imposé à personne, tout cela est volontairement
« accepté......

« Du centre aux Conférences, des Conférences au centre,
« il n'y a point autorité et obéissance ; il peut y avoir déférence
« et conseils : il y a certainement, il y a avant tout charité, il
« y a même but, il y a mêmes œuvres, il y a union des cœurs
« en Notre-Seigneur Jésus-Christ (2). »

Voilà en quels termes le président de l'Œuvre a défini son
autorité et celle du Conseil général, et bien des fois depuis

(1) *Bulletin de la Société*, 1857, p. 283.
(2) *Manuel de la Société*, 2ᵉ partie, p. 64.

1841, les mêmes déclarations ont été renouvelées. Étrange pro-
cédé pour s'imposer et pour opprimer, que de répéter sans
cesse : « Vous ne me devez pas l'obéissance ! »

Nous ignorons, Monsieur le Ministre, qui a pu dire à Votre
Excellence que le Conseil général et les Conseils centraux
*s'imposent aux Conférences, s'arrogent le droit de les gouverner
malgré elles, et les dépouillent de leurs droits.* Mais nous pouvons
hardiment affirmer que tel n'est pas le témoignage des Conférences, et nous sommes convaincus que leurs réponses à votre
circulaire ont aujourd'hui dissipé votre erreur.

V

Il nous tardait d'aborder enfin une accusation plus grave encore que toutes les autres, et plus offensante, il faut l'avouer,
nous ne disons pas pour des chrétiens, mais simplement pour
des hommes de cœur. Car si elle était fondée, nous aurions
commis cette indignité de nous couvrir du manteau sacré de la
religion et de la charité pour cacher des passions et des menées
politiques.

Le bienfaisance ne serait qu'*une apparence;* la Société de
Saint-Vincent de Paul *serait organisée en vue de la faire servir
d'instrument à une pensée étrangère à la charité,* c'est-à-dire à la
politique : tel est le grief traduit nettement auquel nous sommes
condamnés à répondre.

L'une des règles fondamentales de notre Société, écrite et
développée dès l'origine dans le règlement et dans les considérations préliminaires qui le précèdent, est celle-ci :

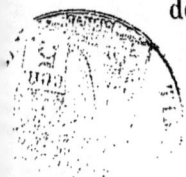

« Notre Société est toute de charité, la politique lui est tout
« à fait étrangère (1). »

Aucune règle n'a été plus souvent rappelée et avec plus
d'insistance par tous ceux qui ont été successivement placés
à la tête de ·l'OEuvre. Il faut nous pardonner les citations qui
vont suivre ; elles sont indispensables. Ceci est la question
capitale.

Lorsque l'homme de bien, aussi humble que charitable, qui
a pris une si grande part à la fondation de la Société qu'il pré-
sida le premier pendant onze ans, M. Bailly, quitta la présidence en 1844, il n'adressa qu'un seul et dernier avis à la
Société dans la circulaire qui contient ses adieux ; le voici :

« En fait d'avis, Monsieur et cher confrère, encore que je
« n'aie plus de mission pour vous en donner, permettez-moi
« de vous rappeler une parole de notre saint patron. Saint
« Vincent de Paul, vous le savez, tenait pour maxime « que
« ceux qui se veulent dire ministres de la charité ne doivent
« pas même deviser entre eux des intérêts terrestres qui par-
« tagent les puissances de ce monde. » Il proposait cette règle,
« il est vrai, à des prêtres ; mais elle est jusqu'à un certain
« point applicable à tous les chrétiens qui s'associent pour
« pratiquer ensemble les œuvres de miséricorde. Elle leur est
« applicable, s'ils veulent rester cordialement unis, s'ils veu-
« lent jouir de cette approbation tacite et universelle qui cons-
« titue le crédit d'une société, qui facilite ses progrès, et qui
« est la garantie de sa durée. Nous vous avons souvent adressé
« ces paroles : c'est une des traditions auxquelles nous nous
« sommes attaché dès le commencement ; elle résume, pour

_____

(1) *Manuel de la Société*, 1re partie, p. 24.

« nous, tous les efforts du passé et tous les intérêts de l'ave-
« nir (1). »

C'était là le dernier conseil de M. Bailly à cette Société qui
lui était si chère. Le nouveau président, M. J. Gossin, dans
sa première circulaire du 15 août 1844, traita le même sujet et
donna les mêmes avis :

« Nous ne cesserons de faire nos œuvres en bannissant de
« nos assemblées tout ce qui pourrait ressembler de près ou
« de loin à la politique. En effet, nous sommes réunis pour
« faire du bien aux pauvres et à nous-mêmes, en améliorant
« notre esprit et notre cœur. Or, la politique, qui a souvent fait
« couler bien des larmes, n'a pas le secret d'en essuyer une
« seule. Qu'elle soit donc à tout jamais éloignée de notre sein !
« Tant que Dieu, dans sa miséricorde, écartera de nos assemblées
« cet incessant ferment de discorde, la Société de Saint-Vin-
« cent de Paul prospérera et les malheureux la béniront. Au
« contraire, du jour où il serait donné à la politique de faire
« entendre parmi nous un seul de ses accents, le morceau de
« pain que nous donnons aux pauvres se changerait en pierre,
« et la Société de Saint-Vincent de Paul serait détruite (2). »

Ceux qui ont connu l'homme vénérable qui écrivait ces
lignes savent combien ses convictions politiques personnelles
étaient sincères et profondes ; mais il ne souffrait pas qu'elles
eussent accès dans les œuvres de charité et de religion auxquelles il avait donné sa vie, et particulièrement dans celle de
Saint-Vincent de Paul.

Le troisième président de la Société est resté fidèle à ces
maximes, il les a bien des fois rappelées, et dans des temps

(1) *Manuel de la Société de Saint-Vincent de Paul,* 2ᵉ partie, p. 94.
(2) *Manuel de la Société de Saint-Vincent de Paul,* 2ᵉ partie, p. 104 et 105.

très-différents. Voici ce qu'il écrivait aux Conférences le 1er novembre 1849, c'est-à-dire à une époque où la politique passionnait tous les esprits.

« Il a toujours été dit, répété, publié parmi nous que la po-
« litique était entièrement étrangère à nos réunions charita-
« bles ; que nous ne nous informerions pas des opinions les
« uns des autres sur ce point, persuadés qu'elles étaient dic-
« tées par la conscience et dirigées par la modération chré-
« tienne ; et si cette règle si sage n'avait point été posée, ce
« serait le moment plus que jamais de l'établir dans l'intérêt
« de notre union et de notre bonne harmonie (1). »

Sept ans après, en novembre 1856, dans des circonstances qui n'étaient plus les mêmes, le président général tenait le même langage et disait :

« La Société ne descend jamais sur le terrain de la polémique
« quelle qu'elle soit. Sans entraver l'action personnelle de ses
« membres, mais sans en être aucunement responsable, elle ne
« s'y laisse pas aller, parce que telle n'est pas sa vocation,
« tel n'est pas son domaine. Elle craint, en effet, ce
« qui pourrait diviser ses membres et rompre une amitié si fa-
« cile à garder sur le terrain neutre de la charité, si difficile à
« maintenir sur le terrain de la discussion....

« Est-il nécessaire d'ajouter que, comme le dit le règlement,
« comme nombre de circulaires le répètent, notre Société est
« toute de charité, que la politique lui est tout à fait étrangère ?
« Après les longues années qu'elle a traversées depuis sa nais-
« sance, dans tant d'états divers, dans des circonstances si
« différentes, ce point est presque superflu à rappeler, parce
« que nulle part, j'ai le droit de le dire, on n'a perdu de vue ce
« principe fondamental. Il ne lui fût pas venu, de tous les

---

(1) *Manuel de la Société de Saint-Vincent de Paul,* 2e partie, p. 249.

« côtés et dans tous les pays, des hommes honorables et d'opi-
« nions si diverses, si opposées, s'il n'avait été entendu à
« l'avance qu'en dehors de la Société, chacun gardait ses opi-
« nions, conservait sa liberté conformément aux lois, et en
« les respectant, mais qu'à l'entrée de nos séances, toutes ces
« pensées devaient être entièrement mises de côté. Oui, grâce
« à Dieu, notre Société n'a et ne devra jamais avoir, sous
« peine de tomber de son propre poids, aucune action, aucune
« couleur, aucune tendance politique, même indirecte et
« éloignée. Sa seule devise est : *Dieu et les pauvres ;* elle s'en
« interdit formellement toute autre (1). »

Voici encore les recommandations expresses adressées sur
ce point aux présidents des Conférences, dans une instruction
écrite en 1859, qui leur est spécialement destinée et qui est
leur guide constant :

« Le président tiendra la politique à distance de nos Con-
« férences, et ne la laissera même pas se montrer dans ces
« conversations qui précèdent ou suivent les séances.... Quant
« à la conduite personnelle du président, en matière politique,
« il devra la régler au dehors de façon à ce que sa qualité de
« président soit toujours distincte de sa qualité de citoyen,
« principalement dans les circonstances où la confusion que
« ne manqueront pas de faire à cet égard des esprits prévenus
« ou malveillants, pourrait porter préjudice à nos œuvres. Il
« serait injuste, il est vrai, de les rendre responsables des opi-
« nions personnelles de leurs membres. Mais cette injustice
« sera d'autant plus facilement commise, qu'on mettra moins
« de mesure dans la manifestation de ses idées ou de ses con-
« victions ; voilà pourquoi, dans ses actes, dans ses paroles ou
« dans ses écrits en matières politiques, un président ne sau-

---

(1) *Bulletin de la Société de Saint-Vincent de Paul,* 1856, p. 315.

« rait se départir sans inconvénient pour l'œuvre d'une sage
« modération, et d'une juste réserve (1). »

Au risque de lasser votre patience, Monsieur le Ministre,
nous ajouterons encore deux citations à celles qui précèdent.
Elles ont une importance particulière ; l'une parce qu'elle exprime d'une manière très-saisissante les raisons élevées et déci-
sives qui interdisent absolument la politique à notre œuvre,
par la bouche même d'un de ses fondateurs, resté jusqu'à sa
mort premier vice-président du conseil général, et qui a toujours exercé sur la Société une très-grande action ; l'autre,
parce qu'elle est le témoignage donné à la Société par ce
même homme, à la veille et presque en face de la mort, qu'elle
est restée fidèle à cette règle sacrée.

Ozanam s'exprimait ainsi dans une assemblée générale des
Conférences de Paris, le 14 décembre 1848, au plus fort des
ardeurs politiques de cette époque :

« Quand la Société de Saint-Vincent de Paul commençait,
« en 1833, les partis étaient en présence comme aujourd'hui,
« irréconciliables comme aujourd'hui. Ce fut le besoin de
« nous unir au milieu d'un peuple désuni qui forma nos pre-
« miers liens. Ce besoin n'est-il pas plus pressant que jamais ?
« ne voyez-vous pas que la division pénètre partout, parmi
« les honnêtes gens, parmi les chrétiens, et jusqu'au foyer de
« toutes les familles ? et quand les temps sont si difficiles,
« les problèmes si graves, les desseins de Dieu si cachés,
« comment les meilleurs citoyens ne se diviseraient-ils pas et
« ne porteraient-ils pas dans leurs opinions opposées toute la
« chaleur de leur patriotisme ? Le cœur cependant a besoin
« de repos, et la charité d'un asile où ne pénètre pas le bruit

(1) Instructions sur les devoirs des présidents, p. 56 et 57.

« des disputes. La Société de Saint-Vincent de Paul vous
« offre ce refuge. En entrant dans nos paisibles Conférences,
« on laisse les passions politiques à la porte ; on se trouve une
« fois rassemblés, non pour se combattre, non pour se dé-
« chirer, mais pour s'entendre, mais pour se voir, en quelque
« sorte, par les bons côtés, pour y traiter de questions chari-
« tables, capables par conséquent de calmer, pour un mo-
« ment, toutes les irritations, de faire oublier tous les frois-
« sements de cœur. Quand chaque matin vingt journaux
« s'occupent d'attiser nos colères, il est bon qu'au moins une
« fois par semaine, nous allions les apaiser en parlant des
« pauvres (1). »

Au mois de mai 1853, Ozanam, déjà accablé par le mal dont
il est mort peu après, visitait une des Conférences d'Italie,
celle de Livourne, fondée depuis peu, et il lui parlait ainsi :

« Le second obstacle à la propagation de notre Œuvre vient
« d'une crainte vague que la Société de Saint-Vincent de Paul,
« sous le voile de la charité, ne cache un but politique. Dans
« beaucoup de lieux, j'ai vu naître cette crainte : on nous a
« crus tantôt d'un parti, tantôt d'un autre tout opposé, ce qui
« suffirait déjà pour démontrer que nous ne sommes d'aucun
« parti. A ceux qui vous témoigneraient semblable crainte,
« il faut répondre : Jamais la Société de Saint-Vincent de
« Paul ne s'est mêlée de politique ; l'esprit de parti en est ab-
« solument exclu, et, Dieu merci ! elle est toujours restée
« étrangère aux discordes civiles. Elle n'a qu'un seul but :
« sanctifier ses membres en exerçant la charité, et en se-
« courant les pauvres dans leurs besoins temporels et spiri-
« tuels. »

(1) *Bulletin de la Société,* 1849, p. 147 et 148.
(2) *Bulletin de la Société,* 1851, p. 254.

Après ces citations, que nous pourrions multiplier à l'infini, personne, assurément, ne peut contester au moins ceci : 1° que les fondateurs de la Société de Saint-Vincent de Paul ont expressément posé cette règle, que *la Société ne doit avoir aucune action, aucune couleur, aucune tendance politique, même indirecte et éloignée;* 2° que les présidents de la Société, organes de son Conseil général, ont proclamé, répété, commenté ce principe de l'Œuvre, constamment, partout, à toute époque.

Il faudra donc alors qu'on ait le courage de nous dire que si nous parlons ainsi tout haut, tout bas nous parlons ou nous agissons autrement.

Que si l'accusation se précisait ainsi, nous aurions le droit de répondre à nos accusateurs : Où sont vos preuves ? Apparemment, si le Conseil général ou un Conseil central ont jamais invité une ou plusieurs Conférences à agir dans une élection, à faire une quête ou à concourir à une démarche ayant un but politique, on a saisi une trace quelconque de cet acte coupable. Eh bien ! nous demandons qu'on nous mette en présence du document ou du témoignage qui serait une preuve ou un commencement de preuve à l'appui d'une pareille inculpation.

Les attaques ne nous ont pas manqué dans un certain nombre de feuilles publiques ; or, quand elles ont prétendu citer des faits, plus ou moins controuvés, plus ou moins envenimés, jamais, en définitive, elles n'en ont articulé un seul qui fût à la charge soit du Conseil général, soit d'un des Conseils centraux. Et quant à ceux qui ont été précisés contre telle ou telle réunion locale, nous offrons à Votre Excellence d'établir, par notre correspondance, que, s'ils ne sont pas inventés ou altérés, le conseil général n'a jamais manqué d'intervenir pour rappeler nos règles à celle des réunions locales qui s'en serait écartée.

Permettez-nous, Monsieur le Ministre, d'aller ici plus loin dans notre réponse. Non-seulement on n'a jamais pu énoncer, à plus forte raison établir un fait ou une circonstance où le Conseil général aurait dévié des règles de la Société au sujet de la politique ; mais, de plus, le Conseil général peut prouver, par des faits, qu'en maintes occasions d'une grande importance, il a fermement préservé ces règles de toute atteinte.

Quelle a été la conduite du Conseil général et des Conférences à l'époque où, en 1843, s'agitait la grande question à la fois politique et religieuse de la liberté d'enseignement ? Il est bien facile de s'en assurer, et nous ne récuserions pas à cet égard les renseignements que peuvent avoir conservés les ministres de l'intérieur et de l'instruction publique. Le Conseil général comptait dans son sein des membres qui, personnellement, faisaient partie des Comités créés alors, conformément aux lois du temps qui n'y mettaient pas obstacle, pour exercer une action politique à l'occasion de cette question. Jamais, cependant, il n'a souffert qu'elle fût agitée dans son sein ou dans les Conférences ; jamais il n'a permis que la Société prêtât aucune espèce de concours soit à la signature des pétitions, soit à la distribution des écrits auxquels la question de la liberté d'enseignement donnait lieu.

En 1848, alors que le gouvernement, qui était obligé de tolérer les clubs, n'aurait eu nul souci sans doute que la politique pénétrât dans les Conférences de Saint-Vincent de Paul, qu'on y colportât des listes électorales, et qu'elles s'entendissent pour aider au succès de telle ou telle candidature favorable aux intérêts religieux ; alors qu'aucune considération de prudence extérieure n'obligeait le Conseil général, il a cependant

maintenu plus strictement que jamais les traditions de la
Société, et nous n'avons pas besoin d'en donner d'autres
preuves que les passages cités plus haut de nos publications
de 1848 et de 1849.

Enfin, une grande question excite, chez les catholiques de
France et du monde entier, depuis près de trois ans, les préoc-
cupations les plus vives. La situation douloureuse du Souverain Pontife a provoqué partout, en Europe et hors d'Europe, des manifestations éclatantes de la tristesse du clergé et
des catholiques, et de leur respectueux amour pour le Saint-
Père. On a signé des adresses, on a publié des brochures, on
a organisé des quêtes et des souscriptions. Quoi qu'il en coûtât,
Monsieur le Ministre, nous l'avouerons sans détour, aux sentiments de vénération profonde et de tendre reconnaissance que
chacun de nous, sans exception, professe pour Pie IX, nous
avons veillé à ce que la Société de Saint-Vincent de Paul
restât complétement étrangère à ce mouvement, parce que la
politique était soupçonnée d'y avoir sa part. Dociles à nos instructions, les Conférences de France n'ont participé, ni aux
adresses, ni à la distribution des brochures, ni aux quêtes du
denier de saint Pierre, ni à aucune autre manifestation pour le
Pape. Il en a été ainsi à l'étranger, dans les pays même où la
liberté des associations est le mieux reconnue et respectée. Si
Votre Excellence veut bien prendre connaissance de la correspondance du Conseil général avec les Conférences d'Irlande
et de Belgique, dont nous offrons communication, elle ne
doutera certainement plus de l'exactitude de notre asser-
tion.

En agissant ainsi dans la question romaine, le Conseil général n'a fait que suivre ses précédents. Déjà, en 1849, s'était
posée la question de savoir si la Société de Saint-Vincent de

Paul ferait une manifestation publique en faveur de Pie IX exilé à Gaëte. Le Conseil général s'y refusa par des considérations qui furent publiées au Bulletin du mois de janvier 1843, et que nous transcrirons ici :

« Il a toujours été de principe, parmi nous, que nous étions
« une œuvre essentiellement charitable, et que nous laissions
« à d'autres associations la mission glorieuse de combattre
« pour l'Église, avec les armes de la parole, de la presse et de
« la publicité. Et, en effet, si nous avons mandat, en tant que
« Société de Saint-Vincent de Paul, pour solliciter le public
« en faveur de nos pauvres; si nous avons caractère et qualité
« à cet effet, notre mandat cesse, notre caractère et notre
« qualité s'effacent dès que nous sortons des limites de la
« charité pratique. C'est pour soulager les pauvres que notre
« Société a été fondée; ce n'est pas pour intervenir dans des
« luttes, dans des discussions, dans des manifestations utiles,
« sans doute, mais qui n'ont pas pour objet des œuvres de
« miséricorde. Au sortir de l'escalier du pauvre, nous ne
« sommes plus membres de Saint-Vincent de Paul, mais
« citoyens ordinaires, mais simples catholiques, jouissant à
« ce titre de notre indépendance, de notre individualité, et
« sans droit, par conséquent, de faire intervenir le nom de
« nos Conférences dans nos actes personnels. C'est en suivant
« cette ligne que la Société a pu naître et traverser impuné-
« ment les temps difficiles; c'est en n'en déviant jamais, même
« lorsque les circonstances semblent autoriser une exception,
« qu'elle pourra continuer ses œuvres et faire encore un peu
« de bien (1). »

Il est donc constant, Monsieur le Ministre, qu'en fait, et dans toutes les circonstances, le Conseil général a résolûment em-

(1) *Bulletin de la Société de Saint-Vincent de Paul*, 1849, p. 150 et 151.

pêché la politique de pénétrer dans la Société. Nous ajoutons, et ceci sans doute calmerait vos inquiétudes si nous parvenions à le démontrer, que le Conseil général n'était pas moralement libre d'agir autrement, et que, quels que soient les hommes qui le composent, il ne lui sera jamais possible de faire de la Société de Saint-Vincent de Paul un instrument de parti sans avoir préalablement modifié profondément les règles constitutives de la Société, ce qui ne peut pas être l'œuvre d'un jour, et ce dont le gouvernement serait toujours averti. En voici les raisons :

1° Un premier obstacle à toute action politique, c'est que les ressources pécuniaires de la Société ne sont pas centralisées.

Le Conseil général, comme nous l'avons montré, ne reçoit pas, année commune, plus de 20 à 25,000 francs, dont nous avons dit l'origine précaire et restreinte et l'emploi obligé. Les Conférences disposent souverainement de leurs ressources. Sous quel prétexte serait-il possible de les dépouiller des fonds qu'elles se procurent si péniblement, qui suffisent à grand' peine aux distributions hebdomadaires faites à leurs pauvres et dont un article du règlement, parfaitement observé, veut qu'il soit rendu compte au commencement de chaque séance(1)? Le Conseil général manque donc d'un élément indispensable aux menées politiques, l'argent.

2° Tout est public dans la Société de Saint-Vincent de Paul, comme nous l'avons dit plus haut; toutes les instructions, tous

(1) Art. 19. « Le trésorier fait connaître l'état de la caisse et le chiffre de la « quête à la fin de la séance précédente, afin que chacun puisse proportionner « ses demandes de secours aux ressources de la Conférence. » *Manuel de la Société*, 1ᵉ partie, p. 55.

les comptes rendus des œuvres et de l'emploi des fonds sont imprimés et distribués à qui veut se les procurer ; toutes les assemblées générales sont ouvertes aux personnes étrangères à la Société ; toutes les réunions particulières sont connues de l'autorité. Comment faire de la politique dans des conditions pareilles ? Il faudra donc que la Société de Saint-Vincent de Paul, si elle veut faire de la politique, ait une double vie, une vie publique et une vie occulte, des instructions secrètes à côté des instructions imprimées, des réunions mystérieuses à côté des réunions ostensibles ; et si tout cela échappe à l'œil vigilant du gouvernement, ce qui est difficile à croire, quelle autorité pourrait conserver sur les Conférences un Conseil qui serait obligé de contredire incessamment par ses avis secrets toutes les instructions qu'il aurait données publiquement ?

3° La Société de Saint-Vincent de Paul est ouverte à tout le monde. Elle ne demande à personne ni son rang, ni ses opinions politiques ; elle admet dans son sein quiconque se présente à elle, pourvu qu'il soit honnête homme et chrétien. En fait, on compte dans les Conférences des hommes de toutes les conditions et *appartenant indistinctement,* la circulaire du 16 octobre le constate elle-même, *à toutes les opinions.* Nous pouvons ajouter qu'au moment où la circulaire a paru, il existait dans le personnel des bureaux des 1,549 Conférences de France, près de 900 fonctionnaires publics de tout ordre. De plus, il faut rappeler que, dans les deux tiers des Conférences, les présidents sont nommés par les Conférences elles-mêmes, et que là où ils ne sont pas nommés directement par les Conférences, les conseils centraux aussi bien que le Conseil général sont sans influence sur ces nominations. Ce n'est pas avec une armée ainsi composée, dont les éléments, au point de vue des opinions politiques, sont aussi divergents et dont les chefs secondaires ne sont nullement dans la main du Conseil général, que celui-ci, en le supposant composé lui-même d'éléments homogènes, pourrait entamer une campagne politique quelconque. Toute tentative de cette nature provoquerait à l'instant dans le sein de la Société des divisions et des déchirements; ce serait le signal de sa ruine.

4° Enfin, la Société n'est pas seulement française; si elle compte 1,549 Conférences en France, il en existe 1,857 hors de France, étroitement unies au Conseil général, mais qui n'acceptent ce lien et ne peuvent l'accepter qu'à la condition expresse que le Conseil général reste absolument étranger à toute cause et à toute action politique. Quelle serait en effet la cause politique qui pourrait réunir les sympathies à la fois des Conférences de France et de celles d'Amérique, des Conférences d'Espagne et de celles de la Prusse rhénane, des Conférences de Pologne et de celles de la Hollande, des Conférences anglaises et de celles de l'Autriche?

Plusieurs gouvernements étrangers ont expressément autorisé les conférences existant dans leurs pays et même reconnu légalement leur existence, malgré les liens de hiérarchie qui les rattachent au Conseil général de France; notamment en Espagne, où il existe 499 Conférences, et en Hollande, où il en existe 105. Comment cette hiérarchie aurait-elle été admise par les gouvernements étrangers, comment continueraient-ils à la respecter si le Conseil général de France n'observait pas exactement sa loi d'abstention complète de toute politique quelconque?

Là est vraiment la plus sérieuse garantie que le Conseil général ne déviera pas, et ces *ramifications qu'il étend au delà des frontières de France,* loin d'être un danger, comme on semble le croire, sont en réalité une raison de sécurité.

3

Ainsi, Monsieur le Ministre, non-seulement le Conseil général est lié par une règle absolue qui interdit à la Société toute immixtion politique ; non-seulement il l'a toujours fidèlement observée, mais l'observation de cette règle est pour lui une véritable nécessité. S'il voulait jamais s'en écarter, de deux choses l'une : ou bien il lui faudrait modifier profondément et de longue main les dispositions essentielles du règlement, celles qui sont le plus chères à la Société et qui sont le plus entrées dans sa vie de chaque jour ; le gouvernement, en ce cas, aurait tout le temps d'être informé et d'aviser ; — ou bien, la Société se briserait violemment et par ses propres mains.

A côté de l'écueil de la politique, il en était un autre non moins dangereux, que nous avons toujours signalé avec vigilance à la prudence des Conférences : celui du faux zèle à l'endroit des devoirs religieux des pauvres.

Souffrez, Monsieur le Ministre, qu'en terminant sur les accusations dont nous avons été l'objet, nous touchions ce point, quoique la circulaire du 16 octobre n'en ait pas fait mention. Mais ceux qui avaient provoqué avec le plus d'ardeur les mesures qui nous ont frappés, ont osé accuser aussi la Société de Saint-Vincent de Paul de faire de ses secours le prix de la pratique religieuse et de contraindre la conscience des pauvres ; ils ont même articulé ce grief odieux dans des termes que nous voulons mettre sous vos yeux comme un spécimen douloureux des passions qui nous poursuivent.

« Oui, dans l'esprit des *directeurs anonymes* de la Société de « Saint-Vincent de Paul, outre ses buts cachés, cette Société « en avait un patent et contre lequel tous les honnêtes gens « doivent réclamer et s'indigner : *elle saisissait les consciences* « *par la faim.....* Guetter la misère au coin de la rue pour l'en-

« voyer, malgré elle et pour ainsi dire sacrilégement, au con-
« fessionnal et à la communion, faire l'aumône pour enlever
« aux écoles laïques leurs élèves et les donner à ces affidés de
« ces congrégations qui passent chaque jour devant les tribu-
« naux, c'est une action coupable et impie. *Cette chasse des*
« *âmes au morceau de pain* est réprouvée par la religion, par la
« morale, par la raison. Si on donne la liberté de la pratiquer,
« il faut aussi donner celle de la propagande à main armée,
« *car on tue aussi sûrement par la faim que par l'épée* (1). »

Vous comprendrez, Monsieur le Ministre, et nous en sommes
convaincus, vous partagerez l'indignation que de telles paroles
soulèvent dans nos âmes. Nous la ferons taire cependant pour
être fidèles jusqu'au bout à la loi de modération que nous
nous sommes imposée, et nous nous bornerons à mettre en
face de cette accusation indigne un court passage du rapport
général fait en 1843 sur les œuvres de la Société, où sont ré-
sumées avec netteté nos maximes et nos traditions sur la conduite envers les pauvres au sujet de leurs devoirs religieux,
maximes et traditions vingt fois rappelées et développées dans
nos circulaires et dans nos instructions, et dont, Dieu merci !
nos Conférences ne se sont jamais écartées :

« Dans les enquêtes et les inspections, l'attention des com-
« missaires et celle des Conférences ne portent que sur un
« seul point : les pauvres méritent-ils des secours par une mi-
« sère véritable ? quelle que soit d'ailleurs la communion reli-
« gieuse à laquelle ils appartiennent, qu'ils soient fervents
« catholiques, ou que l'irréligion ait depuis longtemps engour-
« di leur âme, ils n'en sont pas moins nos frères, et le titre
« de pauvre suffit pour leur donner droit à l'assistance de la
« Société de Saint-Vincent de Paul. Elle ne prétend, en effet,

(1) *Le Siècle* du 5 novembre 1861.

« ni s'ériger en dominatrice des consciences, ni imposer à
« d'autres ses croyances et ses convictions ; elle attend et prie,
« laissant à Dieu le soin de faire le reste (1). »

VI

Il nous reste, Monsieur le Ministre, un dernier point à traiter.
Ce n'est pas le moins délicat de tous, nous l'aborderons cependant comme les autres avec une entière franchise.

Votre Excellence a prévu le cas où les Conférences locales
*exprimeraient le désir d'avoir à Paris, près du siége du gouverne-
ment,* ce que vous avez appelé *une représentation centrale.* Et
dans ce cas, vous vous êtes réservé « de prendre les ordres de
« l'Empereur pour décider sur quelles bases et d'après quels
« principes cette représentation centrale pourrait être orga-
« nisée. »

Nous pensons que la plupart des Conférences ont répondu à
cet appel et qu'elles ont exprimé leurs désirs et leurs vœux.
Autant que nous pouvons le savoir, dans la situation qui nous
a été faite par les lettres de M. le Préfet de police du 12 novembre, le vœu des Conférences qui ont fait connaître leurs
pensées est unanime ; elles ont toutes demandé le maintien du
Conseil général, constitué conformément aux règles de la Société. Elles estiment qu'il ne pourrait disparaître sans entraîner la destruction de la Société de Saint-Vincent de Paul, telle
qu'elle a vécu jusqu'ici, telle que nous l'avons tous pratiquée
et aimée, telle qu'elle a exercé sur nos pauvres et sur nous-
mêmes une utile et salutaire influence. Un certain nombre de

(1) Rapport général de 1843, p. 73. — Voir sur le même sujet les considérations préliminaires du règlement au *Manuel,* 1re partie, p. 19 et 25, et, entre
autres, les instructions insérées au *Bulletin,* 1856, p. 184, et 1857, p. 66.

Conférences, parmi les meilleures, il faut le dire, et les plus dévouées aux pauvres, sont allées même, malgré les avis contraires que jusqu'au dernier moment le Conseil général a pu leur donner, jusqu'à se dissoudre volontairement comme conséquence obligée de la dissolution du Conseil général.

Nous sommes donc plus à l'aise, les Conférences ayant exprimé leurs vœux, pour insister à notre tour auprès de Votre Excellence en faveur du maintien du Conseil général.

La Société de Saint-Vincent de Paul est, avant tout, une institution catholique, qui, comme toutes les œuvres catholiques, croit aux bienfaits d'une étroite union entre ses membres, maintenue par l'unité des règles, par la communion des œuvres et des prières.

Dans cet ordre d'idées, l'existence d'un Conseil général, centre et lien des différentes parties de l'association, est d'une absolue nécessité.

Il est nécessaire pour agréger les Conférences ou les exclure, empêcher que des éléments hétérogènes s'introduisent dans le corps entier ou parviennent à s'y perpétuer.

Il est nécessaire pour mettre en relation les Conférences disséminées dans le monde entier.

Il est nécessaire pour faire connaître aux Conférences les œuvres nouvelles, conseiller celles qui ont réussi, dissuader de celles qui renferment quelques périls.

Il est nécessaire pour faire profiter les Conférences des faveurs spirituelles qui leur ont été offertes par les libéralités de plusieurs Souverains Pontifes, comme récompense de leur dévoûment pour les pauvres.

Il est nécessaire, enfin, comme dépositaire, gardien et interprète des règles et des usages sans lesquels la Société ne peut conserver son caractère propre.

Envisagé à ce point de vue, le Conseil général n'est pas et ne peut pas être *une représentation centrale des Conférences ;* ce n'est pas nous qui le disons, ce sont les Conférences les plus anciennement fondées en province, celles de Lyon. « Jamais, » ont-elles dit dans une lettre adressée à M. le Sénateur, Préfet du Rhône, en date du 18 novembre 1861, « jamais le Conseil « général n'a représenté les Conférences et n'a reçu la vie « d'elles. C'est lui, au contraire, qui les a fait naître ou adop- « tées ; et renverser tout d'un coup l'ordre de génération et de « vie pour y substituer un corps représentatif quelconque, ce « serait créer peut-être une nouvelle Société, mais ce ne « serait certainement pas conserver celle à laquelle nous ap- « partenons. »

Sur quelles bases et d'après quels principes le Conseil géné- ral de Saint-Vincent de Paul pourrait-il donc être réorganisé ? Nous ignorons vos vues à cet égard, Monsieur le Ministre ; mais quant à nous, nous estimons, avec les Conférences, que pour que la Société de Saint-Vincent de Paul subsiste, le Conseil géné- ral ne peut pas être organisé autrement qu'il ne l'a été jusqu'ici.

S'agirait-il, après avoir entendu et accueilli nos explications loyales et sincères, de donner au Conseil général l'autorisation légale ? Nous nous hâtons de dire qu'une solution semblable exciterait toute notre gratitude, et c'est ici le lieu de faire re- marquer que nous n'avons jamais entendu nous dérober à l'exé- cution de la loi, et qu'en ce qui nous concerne, elle n'a jamais été *violée ;* car sous tous les gouvernements, nous avons vécu au grand jour, et nous avons dit aux Ministres et aux Préfets qui se sont occupés de nous, que nous étions tout prêts à régula- riser notre position en demandant l'autorisation légale. On nous a toujours répondu : Vivez, nous nous contenterons de vous tolérer.

S'agirait-il, par le gouvernement, d'intervenir dans la nomination des membres du Conseil ? Nous vous dirions, Monsieur le Ministre, avec une respectueuse fermeté, que la réalisation de cette pensée est impossible ; car elle altérerait profondément le caractère et le but de notre œuvre, en en faisant une œuvre administrative et officielle.

La Société de Saint-Vincent de Paul n'a pas seulement pour effet de « faire comprendre, » comme vous l'avez dit si bien, « aux hommes de fortune et de loisir la mission du riche au « milieu de ceux qui souffrent, » ou, comme l'avait dit un des nôtres, « de contribuer pour sa part à éteindre les fatals res- « sentiments du pauvre contre le riche et à empêcher que la « société se divise en deux camps, ceux qui ont et ceux qui « n'ont pas (1) ; » elle a eu aussi pour but et pour résultat d'aider à la pacification des partis, d'ouvrir aux hommes de toutes les opinions un terrain neutre où ils puissent s'entendre, oublier et apaiser leurs dissidences et leurs passions en secourant les pauvres.

Ce but élevé, si conforme aux vues que vous avez exprimées vous-même, Monsieur le Ministre, dans une autre circulaire du mois de décembre 1860, à laquelle tout le monde a applaudi, cesserait d'être atteint si le Conseil général de la Société de Saint-Vincent de Paul cessait d'avoir la liberté de ses choix, si même, toutes les opinions cessaient d'y être représentées, librement, sous le contrôle de la publicité et sous les yeux du gouvernement. On verrait alors se produire deux conséquences également funestes : d'une part, tous ceux qui ne partageraient pas, en politique, les vues du gouvernement resteraient en dehors des Conférences et leur seraient peut-être hostiles ; — d'autre part, elles se trouveraient envahies par une foule

(1) Ozanam. *Discours à la Conférence de Livourne. Bulletin de la Société*, 1854, p. 255.

d'hommes dont le seul but, en y entrant, serait de faire servir l'exercice de la charité aux calculs de leur ambition. C'est alors que la Société serait vraiment un instrument politique et bien dangereux pour le gouvernement.

Enfin, la Société de Saint-Vincent de Paul, née en France, a eu cet insigne honneur d'être adoptée avec ardeur par les catholiques du monde entier, et près de deux mille Conférences étrangères, répandues sur tous les points du globe, acceptent la direction d'un Conseil siégeant à Paris, avec une déférence qui n'a cessé d'exciter notre étonnement et notre reconnaissance, quand faisant retour sur nous-mêmes, nous contemplons la faiblesse des instruments dont Dieu s'est servi pour propager avec notre chère Société l'influence du nom de la France dans le monde.

Or, il est manifeste et nous n'avons pas besoin d'y insister, que les susceptibilités nationales briseraient immédiatement le lien qui nous unit aux Conférences étrangères, le jour où l'on soupçonnerait que le Conseil général a un caractère administratif et officiel.

En résumé, de même que dans l'ordre religieux, le Souverain Pontife a trouvé bon que la Société de Saint-Vincent de Paul prît et gardât le caractère d'œuvre laïque, humble auxiliaire du clergé, mais non soumise à sa direction, et jugé, qu'ainsi constituée, elle pourrait servir utilement les intérêts de la religion en protégeant et développant la foi de ses membres par l'exercice de la charité; de même, Monsieur le Ministre, vous comprendrez que notre association tienne à conserver le caractère de société libre, respectueuse pour la loi et pour le gouvernement, mais indépendante, et qu'elle puisse, dans ces conditions, servir avec dévoûment deux grands intérêts sociaux particulièrement chers au gouvernement de l'Empereur, la réconciliation du riche et du pauvre et la pacification des partis.

VII

Nous sommes arrivés, Monsieur le Ministre, au terme de notre tâche. Nous avons répondu à tous les reproches, à toutes les accusations, à tous les soupçons sans en éviter un seul, même ceux contre lesquels il est le plus douloureux pour d'honnêtes gens d'avoir à se défendre. Que si quelque doute reste encore dans votre esprit, nous sommes prêts à nous expliquer plus complétement encore et sur quelque point que ce soit, car nous n'avons rien à cacher.

Ce n'est pas la première fois que l'association de Saint-Vincent de Paul est en butte aux inculpations qui ont été accueillies par la circulaire du 16 octobre. La grande expansion de cette Œuvre, et son organisation incomplétement examinée, ont soulevé des défiances chez les hommes de gouvernement. Ils lui imputaient d'appartenir aux partis politiques, tantôt à l'un, tantôt à l'autre, et nous nous souvenons d'un temps et d'un pays où nous avons eu à la défendre contre l'accusation d'être *un repaire de libéralisme.* Jusqu'ici, la Société de Saint-Vincent de Paul a résisté à ces attaques et à ces défiances, parce qu'une étude plus attentive de ses statuts et de ses actes l'a complétement justifiée.

On a reconnu, en y regardant de près, que la Société de Saint-Vincent de Paul n'a en réalité rien de commun avec les sociétés secrètes, et manque surtout de ce qui caractérise ces sociétés et constitue le principal danger de leur organisation, le secret.

On a reconnu que les règles fondamentales de l'Œuvre lui interdisent toute action et toute couleur politique, et que le Conseil général n'a jamais agi sur les Conférences locales que pour les maintenir dans les limites du règlement.

On a reconnu, enfin, qu'un Conseil général qui ne dispose pas des ressources des Conférences, qui ne peut pas leur imposer de présidents, qui se trouve placé à la tête d'une Société où toutes les classes, toutes les opinions et même toutes les nations sont représentées, est dans l'impuissance de l'entraîner hors du terrain charitable, le seul où puissent se rencontrer et vivre en bonne harmonie des éléments aussi divers.

Votre loyauté ne résistera pas, nous en sommes convaincus, à un examen plus approfondi de nos règles et de notre conduite, qui a éclairé et désarmé vos prédécesseurs.

Vous avez voulu, avant de prendre un parti définitif, que toutes les Conférences fissent entendre leurs vœux et leurs désirs.

Elles ont parlé, Monsieur le Ministre, et en premier lieu, elles ont rappelé à Votre Excellence :

Que la Société de Saint-Vincent de Paul visite, secourt, moralise et calme des milliers de familles indigentes ;

Qu'elle offre à un nombre considérable de jeunes gens un refuge qui conserve leur foi, garde leurs mœurs et fournit à leur activité l'aliment le plus légitime et le plus sain ;

Qu'au milieu des divisions politiques de notre pays, elle ouvre aux hommes de tous les partis un asile où la charité les rapproche et apaise leurs dissentiments ;

Qu'au milieu des défiances nationales qui séparent les peuples, elle forme entre les hommes de tous les pays et de toutes les langues, une famille étroitement unie, qui reconnaît une œuvre française pour sa mère et pour son guide.

Mais les Conférences ont déclaré, de plus, d'une voix unanime:

Que le Conseil général de la Société de Saint-Vincent de Paul était la condition nécessaire de l'existence de la Société ;

Que c'est lui qui conserve son unité et qui lui assure le bienfait de la solidarité ;

Que c'est lui qui maintient l'observation de ces règles et de ces traditions si sagement combinées pour que la Société soit une œuvre chrétienne, purement charitable, exempte de tout intérêt personnel et étrangère aux passions politiques ;

Que c'est lui qui apporte aux Conférences cet élément de l'ordre et de l'expérience qui manque trop souvent aux œuvres de la charité libre ; ce qui a été une des grandes raisons qui ont assuré à notre œuvre la supériorité sur toutes les œuvres essayées ailleurs, et qui l'ont fait accepter du monde entier ;

Qu'enfin, sans le Conseil général, il pourra bien subsister sur quelques points du territoire de l'Empire, quelques Conférences dont l'existence tiendra souvent à l'existence d'un homme, mais que c'en est fait de la Société de Saint-Vincent de Paul.

Nous gardons la confiance que vous vous rendrez aux vœux énergiquement et unanimement exprimés par les Conférences, et que vous accorderez au Conseil général, tel qu'il a été constitué et organisé, l'autorisation légale que vous jugez nécessaire, pour qu'il puisse se réunir et reprendre ses fonctions, et qui laisse d'ailleurs toute latitude à votre administration, s'il venait jamais à dévier des règles de la Société.

Vous ne voudrez pas, Monsieur le Ministre, en repoussant les réclamations des Conférences et les nôtres, attacher votre nom à la destruction d'une institution qui a pris son plus grand développement sous le règne de l'Empereur(1), dont les œuvres et les bienfaits sont conformes à ses vues et à ses volontés, et qui, nous osons le dire, est une des gloires les plus pures de la France.

(1) Le nombre des Conférences, tant à l'étranger qu'en France, n'était encore que de 339 au 1er janvier 1848. Au 1er janvier 1852, la Société comptait 490 Conférences en France, 388 à l'étranger, en tout 878. A la date du 16 octobre 1861, il existait 1,549 Conférences en France, 1,857 hors de France, en tout 3,406.

RÉSUMÉ DES RECETTES ET DES DÉPENSES

DU CONSEIL GÉNÉRAL DE LA SOCIÉTÉ DE SAINT-VINCENT DE PAUL

PENDANT LES ANNÉES 1858, 1859, 1860 ET LES NEUF PREMIERS MOIS DE L'ANNÉE 1861.

Recettes.

ANNÉES.	QUÊTES du Conseil et des assemblées générales des Conférences de Paris.	DONS des Conférences et des Bienfaiteurs particuliers.	PRODUITS des publications de la Société : Bulletins, petites lectures, almanachs, règlements et manuels, etc.	TOTAL des recettes de l'année.	ENCAISSE au 31 décembre de l'année.
	f. c.	f. c.	f. c.	f. c.	f. c.
1858	2.744,19	7.113,44	5.530,88	15.338,51	13.864,03
1859	4.984,77	10.415,46	15.704,92	28.102,43	6.975,36
1860	2.496,00	9.045,94	10.342,59	24.854,53	42.947,87
1861	» 4.566,60	6.385,86	»	7.992,46	11.530,55

On doit également faire figurer ici les sommes recueillies en 1860 et 1861 en faveur des chrétiens de Syrie.

Montant des souscriptions ouvertes pour les chrétiens de Syrie dans le sein des Conférences françaises et étrangères.

Année 1860 . . . . . 70.344,95
Année 1861 . . . . . 27.867,3
98.212,3

Dépenses.

TOTAL GÉNÉRAL des recettes.	SECOURS aux Conférences pauvres de la Société, Patronage des apprentis, maison de Nazareth.	FRAIS GÉNÉRAUX Employés, loyer, chauffage, éclairage, Société bibliographique, ports de lettres et fournitures de bureau.	SECOURS donnés aux pauvres, voyageurs ou les dépenses des ouvriers traversant Paris et regagnant leur pays.	AVANCES pour publications des de la Société.	TOTAL de la dépense de l'année.	RESTANT en caisse.
f. c.	f. c.	f. c.	f. c.	f. c.	f. c.	f. c.
29.219,9	1.559,56	6.933,15	806,10	» »	24.598,84	6.975,36
35.077,8	8.593,55	7.986,57	579,50	» »	22.859,62	12.947,87
34.072,2	2.670,50	9.435,85	735,10	» »	22.541,85	41.530,55
19.453,6	6.861,50	6.553,49	307,00	4.987,55	45.712,94	3.593,72

Sommes versées pour la plus grande partie au comité de secours présidé par M. l'abbé Lavigerie et pour la partie complémentaire dans la caisse des Conférences fondées en Syrie depuis les massacres :

Année 1860 . . . . . 70.344,95
Année 1861 jusqu'au 30 septembre 1861 . . . 21.367,26
A la Conférence de Beyrouth, le 12 novembre 1861 . . 6.500 »
98.212,21

Résumé des faits qui se sont passés depuis la présentation du mémoire.

Depuis que ce mémoire a été remis à Son Excellence M. le Ministre de l'intérieur, des faits importants se sont accomplis pour la Société de Saint-Vincent de Paul.

Les Conférences consultées par M. le Ministre avaient continué à adresser leurs vœux au sujet de l'organisation de la Société, et ces vœux tendaient avec une unanimité remarquable au rétablissement du Conseil général tel qu'il avait été constitué jusqu'alors. Les Conférences déclaraient avoir accepté spontanément sa direction toute bénévole, n'avoir jamais reçu de lui la moindre insinuation politique, n'avoir pas été privées du droit d'élire leurs fonctionnaires ou de disposer de leurs fonds en toute liberté.

Vers la fin de décembre, le gouvernement fit connaître verbalement au président du Conseil général les conditions qu'il croyait devoir imposer à la reconstitution de ce Conseil. La principale de ces conditions était la nomination par décret impérial du président général de la Société, et le nom de S. E. le cardinal Morlot fut indiqué comme celui qui avait fixé le choix du gouvernement.

La première pensée, comme le premier devoir des membres du Conseil général fut de conférer de ces ouvertures avec S. E. le cardinal Morlot, qui déclara dès l'abord ne pouvoir accepter ces propositions en ce qui le concernait. Les membres du Conseil examinèrent en outre le principe qui était posé comme la base de l'autorisation, et c'est comme l'expression de leur pensée unanime que la lettre suivante a été adressée le 5 février à M. le Préfet de police. Cette lettre, communiquée à S. E. le cardinal Morlot, a reçu son entière approbation :

Monsieur le Préfet,

J'ai cru devoir consulter les membres du Conseil de la Société de Saint-Vincent de Paul sur la communication que vous aviez bien voulu me faire faire avant-hier. J'ai l'honneur de vous transmettre le résumé de leur opinion, qui est en tous points conforme à la mienne.

Le gouvernement, si j'ai bien compris la communication qui m'a été faite, aurait la pensée de nommer lui-même un président général d'honneur pour toute la Société de Saint-Vincent de Paul, et son choix se serait arrêté sur Son Éminence le cardinal Morlot.

La question est uniquement une question de principe : il est évident en effet que, le principe admis, nulle nomination ne saurait être mieux accueillie par notre Conseil, qui se trouverait à la fois heureux et honoré d'être placé sous la présidence de l'éminent cardinal, de l'archevêque vénéré qui, depuis qu'il occupe le siége de Paris, s'est toujours montré le protecteur le plus paternel et le plus bienveillant de nos Conférences et de notre Conseil lui-même. Mais, malgré tout le désir que je partage avec mes confrères d'arriver à une entente, je trouve à l'admission du principe de la nomination en lui-même des difficultés si graves que je me vois obligé de décliner la proposition.

La Société de Saint-Vincent de Paul est une œuvre de charité privée ; chez elle tout est volontaire, et c'est ce caractère tout spontané et en même temps exclusivement charitable, qui lui a permis de s'étendre rapidement. Dans les Conférences, les présidents sont nommés par les membres, comme le président de la Société est élu par les Conférences elles-mêmes.

La nomination par le gouvernement d'un président d'honneur, qui serait en réalité et qui ne pourrait être que le président effectif de l'œuvre, vu les circonstances dans lesquelles il aurait été désigné et la solennité de l'acte qui l'aurait nommé, altérerait complétement le caractère de notre Société. Elle en ferait une œuvre nouvelle, en transformant une association privée en une association ayant en quelque sorte un caractère officiel ; elle ferait d'une œuvre libre une sorte d'œuvre publique, quoique cependant par l'autorisation qui lui serait conférée, et qui ne pourrait être qu'une autorisation de simple police, cette œuvre ne fût pas revêtue du titre d'établissement d'utilité publique. Enfin, le gouvernement restant forcément le maître de son choix dans l'avenir, pourrait modifier l'œuvre, même au point de vue religieux si, au lieu d'un évêque, il désignait pour cette position une personne en dehors du clergé.

Le gouvernement, en rendant à la Société de Saint-Vincent de Paul son Conseil général, d'après le vœu unanime des Conférences, désire assurément que ce Conseil général retrouve l'influence dont il a besoin pour accomplir sa mission de charité, influence qui, aujourd'hui plus que jamais, est indispensable, après l'ébranlement produit dans la Société. Or, nous avons la conviction qu'une modification aussi profonde à nos règles ferait perdre au Conseil son autorité morale et la puissance de faire le bien. Non-seulement les Conférences hors de

France, qui ont donné leur confiance au Conseil général avec
une spontanéité si entière, mais toutes les Conférences de
France qui ont redemandé le Conseil général avec son organisation ancienne, s'alarmeraient du principe nouveau posé
par le gouvernement, et reprocheraient à ce Conseil d'avoir
consenti, pour renaître, à changer dans une de ses bases
essentielles, un règlement qui leur est cher, dont elles ont
éprouvé la sagesse durant plus de vingt-cinq ans, et qui,
approuvé par le Souverain Pontife, leur a mérité des faveurs
spirituelles d'un si grand prix aux yeux des chrétiens.

Les Conférences se plaindraient de ce que le Conseil, chargé
de faire observer et défendre le règlement, ne l'a pas sauve-
gardé, et par suite de cette disposition des esprits, l'unité se
briserait certainement. Autorisées sans aucune condition,
elles pourraient en grand nombre préférer une existence isolée
et indépendante à la situation nouvelle faite à la Société, parce
qu'elles craindraient que le principe posé pour le Conseil général, ne leur devînt applicable à elles-mêmes pour leurs propres
présidents. Ces considérations, Monsieur le Préfet, ne nous permettent pas, à notre grand regret, d'accepter la condition posée
par vous à l'autorisation du Conseil général, et nous oblige-
raient si cette condition était maintenue, de renoncer à cette
autorisation. Notre refus n'est pas dicté, veuillez le croire, par
une opiniâtreté qui conviendrait mal à une œuvre toute de
charité, mais par la connaissance profonde des besoins de
notre Société, et par la conviction que la réorganisation tentée
sur ces bases ne pourrait arriver au résultat que le gouvernement a en vue comme nous. Désireux de reprendre nos travaux charitables sous les yeux et le contrôle de l'autorité publique, nous étions décidés à ne rien négliger pour aplanir,
autant qu'il était en nous, les difficultés. Mais notre conscience

ne nous permet pas de sacrifier ici un des caractères essentiels de notre Société.

Enfin, nous pouvions d'autant moins hésiter que S. E. le Cardinal, frappé lui-même des inconvénients qui résulteraient du principe de la nomination par le gouvernement du président d'une Société libre et privée, m'a déclaré à plusieurs reprises, et, avant-hier au soir encore, qu'il n'acceptait pas la présidence qui lui avait été offerte.

J'ai confiance, Monsieur le Préfet, qu'un moment viendra où le gouvernement reconnaîtra que le sacrifice de nos règles n'est pas nécessaire, et que son droit d'accorder et de retirer l'autorisation lui donne des garanties suffisantes pour prévenir toutes déviations ; que le Conseil général a toujours apporté tous ses soins à maintenir la Société dans la voie exclusivement charitable, où ses fondateurs l'avaient placée ; qu'enfin notre Société qui a rendu de grands services à la jeunesse et aux pauvres, a besoin pour vivre et pour prospérer de son Conseil général, tel que l'avait organisé son règlement. Alors, dans sa justice et dans sa sollicitude dévouée pour les classes souffrantes, l'Empereur voudra, j'en garde l'espoir, rendre à la Société les conditions de sa vie et de son développement.

Signé : AD. BAUDON.

Nonobstant ce refus, une circulaire récente a appelé les Conférences à voter sur la question suivante :

« Les Conférences désirent-elles avoir à Paris un Conseil
« général formé de la plupart des membres de l'ancien comité,
« mais ayant pour président supérieur un haut dignitaire de

« l'Église nommé par l'Empereur, ou préfèrent-elles continuer
« à fonctionner isolément comme elles y sont autorisées au-
« jourd'hui? »

On ignore encore quel est l'ensemble des réponses, et le
gouvernement a seul le moyen de le connaître. On peut cependant affirmer, sans crainte de se tromper, que l'immense ma-
jorité des Conférences optera pour le second système, quel que
soit leur regret de subir un isolement contraire à leurs vœux.
Il est seulement à remarquer que cette proposition a été trans-
mise aux Conférences sans qu'aucune ouverture ait été faite
à aucun des membres du Conseil général frappé par la Circulaire du 16 octobre. On déclare avec certitude qu'aucun d'eux
n'accepterait une combinaison qui porterait une atteinte aussi
radicale à la Société.

Note sur la nomination d'un cardinal protecteur pour la Société de Saint-Vincent de Paul.

On paraît avoir fait dans ces derniers jours un grief à la Société de Saint-Vincent de Paul de ce qu'elle a à Rome un Cardinal protecteur.

1º On doit remarquer que ce grief est nouveau. Jamais on ne l'avait formulé, ni avant la circulaire du 16 octobre, ni dans la circulaire du 16 octobre, qui pourtant ne s'est pas fait faute d'accumuler les accusations contre le Conseil général, ni même dans les différents pourparlers qui ont eu lieu depuis la circulaire, entre les représentants de la Société et ceux de l'autorité à ses différents degrés.

2º Le cardinal protecteur a été donné à la Société, *sur sa demande*, en 1852 ;

3º La Société ne l'a jamais caché. Elle a publié dans son Bulletin de 1851, p. 185 et suivantes : 1º la lettre au Souverain Pontife en date du 1er décembre 1850, par laquelle le Conseil général demandait cette faveur ; 2º la lettre en date du 28 mai 1852, du nonce apostolique à Paris, par laquelle était notifiée au Conseil général la nomination du cardinal protecteur.

4º Quelle est la portée de la nomination d'un cardinal protecteur ? Est-ce un chef, un directeur, un président donné à la Société ? Nullement.

Le nom de cardinal *protecteur* indique le rôle de l'éminent

prince de l'Église auprès de la Société. On conçoit qu'une
OEuvre catholique importante établie dans un grand nombre
de pays ait des questions à traiter auprès du Saint-Siége, des
intérêts à y défendre, à y faire *protéger*. Le rôle de ce Cardinal
se borne donc à prendre en main les rares affaires que la Société de Saint-Vincent de Paul a auprès du Chef de l'Église;
mais ce rôle n'implique ni une intervention dans les affaires
ordinaires de la Société, ni une dérogation à l'autorité spiri-
tuelle que les évêques de chaque diocèse ont sur leurs Conférences respectives.

Aussi, en fait, les rapports du Cardinal protecteur avec le
Conseil général ont-ils été très-peu fréquents. Le dossier de la
correspondance du Conseil général avec le Cardinal protecteur
contient depuis 1852 jusqu'à ces derniers temps onze lettres
du Conseil général et trois seulement du Cardinal.

Dans les dernières circonstances, les plus graves assurément
par lesquelles ait passé la Société, ni le président, ni le Conseil
général ne se sont crus obligés par aucune règle ou par aucune
convenance de prendre l'avis du Cardinal protecteur; ils ne l'ont
pas fait, et en même temps ils avaient recours aux bienveillants
conseils et au généreux appui de leur Archevêque, du vénérable
Cardinal qui a pris leur défense auprès du Gouvernement avec
tant de sympathie et de bonté.

Formulerait-on le grief sous cette forme, qu'il est blessant ou
inquiétant pour le Gouvernement que la Société ait refusé la
nomination d'un président nommé par le Gouvernement français et choisi parmi les dignitaires de l'Église, tandis qu'elle a
accepté un cardinal protecteur de la Cour de Rome?

Les explications suivantes devraient, ce semble, calmer
toute susceptibilité :

1° Le cardinal protecteur a été demandé par la Société; le

président nommé par le Gouvernement serait imposé. Il y a là une première et sérieuse différence au point de vue de l'indépendance de l'OEuvre.

2° Le cardinal protecteur n'a aucune autorité de direction sur l'OEuvre, comme on l'a établi ci-dessus ; — le président nommé par le Gouvernement aurait et devrait avoir la direction de l'OEuvre ; — deuxième et non moins importante différence.

3° La Société au point de vue religieux, est composée d'éléments complétement homogènes, de catholiques. La nomination d'un cardinal protecteur donné par le Saint-Siége devait donc être acceptée par tous ; c'était la consécration de son caractère catholique. — Au point de vue civil, les éléments de la Société ne sont homogènes, ni quant à la nationalité, ni quant aux opinions politiques ; la circulaire du 16 octobre constate elle-même comme un des titres d'honneur de la Société, qu'elle est *formée d'hommes religieux appartenant indistinctement à toutes les opinions.* La nomination d'un président par le Gouvernement français risquerait de briser les liens avec les Conférences hors de France : elle ne serait plus un terrain neutre où tous les partis pourraient se rencontrer et se calmer ; ce serait la destruction du caractère d'œuvre universelle, d'œuvre étrangère à la politique, d'œuvre privée enfin avec lequel elle a vécu jusqu'ici et prospéré.

Explication donnée par M. Baudon sur la publication d'une de ses lettres faite par des journaux italiens.

Peut-être est-il nécessaire de donner quelques explications au sujet d'une lettre adressée par moi, à la date du 24 janvier dernier au Président d'un des Conseils supérieurs de la Société de Saint-Vincent de Paul à l'étranger, lettre que quelques journaux français viennent de publier en l'empruntant à un journal italien.

Voici le texte de cette lettre que je reproduis d'après les journaux eux-mêmes, sans pouvoir la collationner avec la minute, que je n'ai pas conservée et sans pouvoir en garantir les termes. Il est à peine nécessaire d'ajouter que je suis tout à fait étranger à cette publication, et qu'elle a été faite sans ma participation et contre mon gré, par suite d'une saisie pratiquée à Turin.

« Paris, le 24 janvier.

« Monsieur et cher confrère,

« Je crois devoir porter à votre connaissance personnelle une mesure qu'en vertu des pouvoirs qui m'ont été délégués par notre Conseil général, je viens de prendre dans la situation où se trouve notre Société.

« Notre Conseil n'a pu accepter les propositions qui lui ont été faites par le gouvernement, et qui tendaient à modifier gravement le caractère et le règlement de la Société. Je ne sais si, plus tard, la négociation pourra être reprise, mais dans le doute j'ai cru prudent de songer à l'avenir.

« Comme le Conseil est empêché et que la présidence et l'unité de la Société ne reposent que d'une manière viagère sur ma tête en cet instant, j'ai pris les précautions suivantes pour le cas où je viendrais à mourir ou à être empêché par un cas de force majeure ou par la maladie.

« J'ai délégué dans cette triple supposition mes pouvoirs aux trois présidents conjointement, de Bruxelles, de La Haye et de Cologne, afin que, si je meurs, ils fassent élire un nouveau président général conformément au règlement, et que, si je suis empêché, ils gouvernent la Société durant tout le temps de cet empêchement, prononçant à eux trois, et à plus forte raison avec le concours des autres présidents des Conseils supérieurs, membres de droit du Conseil général, toutes les agrégations de Conférences, ayant le droit de les suspendre ou de les dissoudre, exerçant, en un mot, les fonctions du Conseil général tant qu'il sera empêché.

« Cette délégation cessera de plein droit le jour où un nouveau président général sera élu, ainsi que le jour où l'exercice des pouvoirs pourra être repris, soit par moi, soit par le Conseil général actuellement empêché.

« Une telle mesure aura pour effet, j'espère, de sauvegarder l'unité de la Société, s'il plaît à Dieu de lui faire subir une crise nouvelle; elle doit rassurer les Conférences hors de France, puisqu'elle leur prouve que, si je meurs, l'unité et la direction de la Société n'en doivent pas souffrir; elle montre enfin le caractère franchement catholique et universel de l'Œuvre.

« J'espère que vous l'approuverez : vous verrez dans votre sagesse si vous croyez devoir communiquer cette lettre aux membres de votre Conseil ou la garder pour vous seul ; j'ajoute que tant que les cas ci-dessus spécifiés ne se présenteront pas, j'ai la ferme intention de continuer à gérer la Société comme par le passé ; c'est assez vous dire combien j'ai besoin d'être soutenu par votre concours et par vos prières. »

Ad. Baudon.

Après l'arrêté de M. le préfet de police, qui interdisait les réunions du Conseil général, et auquel ce Conseil avait obtempéré, ainsi que le constate ma lettre elle-même, et lorsque nous avions perdu l'espoir d'une solution qui aurait rendu la vie au Conseil général, j'ai dû songer à remplir les devoirs que m'imposait le titre de président général de la Société, nommé en cette qualité par les Conférences hors de France aussi bien que par celles de France, et aviser aux mesures nécessaires pour sauvegarder, *à l'étranger au moins*, l'unité de la Société.

C'est dans cette pensée, et non, comme on l'a dit, pour mettre les Conférences françaises sous une direction étrangère, qu'a été écrite la lettre du 24 janvier, et qu'ont été prises les mesures mentionnées par elle, mesures uniquement relatives aux Conférences étrangères. Prévoyant le cas où je viendrais à mourir ou à être empêché, soit par la maladie, soit par toute autre circonstance de force majeure, et sachant que le Conseil général, tant que ses réunions continueront à être interdites, ne pourrait pas remplir les obligations que lui impose le règlement dans un cas pareil, j'annonce que, dans cette éventualité, j'ai désigné trois présidents de conseils supérieurs pour diriger la Société pendant l'empêchement du président, ou procéder à la nomination d'un nouveau président général conformément au règlement en cas de vacance.

Si l'on admet, ce qui ne peut pas être contesté, que le Gouvernement français n'a ni pu ni voulu porter atteinte à l'existence et à l'unité de la Société à l'étranger ; qu'il n'a ni pu ni voulu m'empêcher, à l'égard des 1,857 Conférences qui existent hors de France, de remplir les devoirs qui résultent de la qualité de président général qu'elles m'ont donnée, on ne s'étonnera pas que j'aie cru devoir rassurer les Conférences étrangères sur les éventualités qui pouvaient se présenter, tant que durerait l'interdiction portée contre le Conseil général.

Quant à ma situation vis-à-vis des Conférences de France, je n'en ai point fait mystère, et je l'ai fait connaître publiquement, dans ma lettre aux Conférences de France, qui a été insérée dans plusieurs journaux, sans qu'aucune réclamation se soit élevée.

Il y est dit : « Je n'aurai plus à m'adresser à vous de la part « de votre Conseil général, qui, par la longue expérience de « ses membres, a tant fait pour la prospérité de notre Société, « et qui, depuis qu'il existe, l'a aimée et servie avec une assi- « duité si infatigable ; mais si je n'ai plus désormais l'honneur « de vous parler en son nom, je serai, comme par le passé, à « votre disposition entière, prêt à consacrer sans réserve, à « vous et à vos pauvres, autant que vous le jugerez convena- « ble, mes forces et ma vie tout entières. »

Je ne pense pas qu'il existe de loi qui m'empêche de correspondre avec ceux de mes confrères qui voudront m'écrire et recevoir mes lettres ; je ne pense pas qu'il existe de loi qui m'empêche de donner à mes confrères, sur les œuvres charitables pour lesquelles la Société de Saint-Vincent de Paul a été instituée, les avis qu'ils voudront me demander. C'est un droit qui appartient à tout citoyen : je ne vois pas pourquoi on me le contesterait parce qu'il y a quinze ans ces Conférences m'ont fait l'honneur de me placer à leur tête !

En résumé, la lettre dont il s'agit n'a été de ma part ni un défi jeté à l'autorité, ni une provocation à l'opinion publique, comme certains journaux ont paru le croire. Voué exclusivement aux œuvres de charité, et étranger totalement à la politique, je n'ai pas le dessein d'entrer dans une voie irritante qui est contraire à la ligne que j'ai toujours suivie, et qui est essentiellement en opposition avec mes goûts personnels et mes habitudes. Je n'ai pas voulu surtout envenimer une question où assez de malentendus ont eu lieu, et qui ne peut que gagner à s'étudier dans le calme et l'apaisement des passions. Pour la première fois que je descends sur le terrain de la publicité, en dépit des attaques dont notre Société est l'objet depuis plusieurs années, je tiens à faire cette déclaration ; car mon plus vif désir, non-seulement pour moi, mais surtout pour le bien des Œuvres et des pauvres, est que la question rentre dans cette sphère paisible où se dissiperont des préventions, que ma conscience m'oblige à considérer comme aussi injustes que funestes au véritable intérêt des classes laborieuses et souffrantes.

Ad. Baudon.

Paris. — Imp. de W. Remquet, Goupy et Cie, rue Garancière, 5.

9 782012 487727